RÉVOLUTION ET DESPOTISME

RÉVOLUTION
ET
DESPOTISME

PAR

M. LE BARON DE FONTARÈCHES

Ancien Membre du Conseil général du Gard

AUTEUR DE

MONARCHIE ET LIBERTÉ

PARIS

E. DENTU, LIBRAIRE-ÉDITEUR

PALAIS-ROYAL, GALERIE D'ORLÉANS, 13 ET 17

1861

RÉVOLUTION ET DESPOTISME

Il ne faut pas confondre *les révolutions* avec *la révolution*, pas plus que *les libertés* avec *la liberté*.

Les révolutions remplissent l'histoire du monde, il y en a eu dans tous les temps et dans tous les pays ; la révolution n'a qu'une date, 1789. — Les révolutions sont des crises dans la vie des peuples, crises plus ou moins douloureuses, mais laissant subsister, tout en les modifiant quelquefois, les conditions premières d'existence dans lesquelles ils sont nés, ils ont grandi, et quelquefois aussi pouvant être utiles au développement de leur tempérament social ; la révolution est le changement radical ou plus ou moins profond de leur constitution naturelle, la décomposition de leur organisme normal, l'improvisation violente d'une vie nouvelle à l'aide d'une nouvelle organisation.

Les révolutions n'agitent que la surface des sociétés ; la révolution creuse un abîme sous leurs bases. — Les révolutions sont des faits qui peuvent altérer ou changer les situations politiques ; la révolution est une force qui bouleverse le monde des principes et des idées. — Telle révolution peut être commandée par le droit et la justice ; la révolution ne peut jamais être légitime. — Il y a des révolutions passagères qui ne laissent aucune trace après elles ; la révolution laisse toujours une empreinte funeste partout où elle a mis le pied. — Il y a des révolutions qui fondent un ordre aussi stable que régulier ; la révolution est bien toujours permanente, mais c'est pour détruire et jamais pour édifier.

Ainsi, opposé des révolutions que nous venons de caractériser, celles qui se sont succédé en France depuis 1789 se confondent avec la révolution, parce qu'elles n'ont été en réalité que la révolution même se cachant ou se manifestant sous des formes accidentelles, souvent contradictoires, au travers ou au moyen desquelles elle a pu toujours saisir la société, la pénétrer de son esprit, lui inspirer ses instincts et ses tendances. Ces révolutions ont passé ou passeront se condamnant les unes les autres, se faisant justice mutuellement; le génie de la révolution auquel elles servaient d'enveloppe est resté debout, exploitant leurs ruines, comme il avait exploité leur élévation, et embrassant tous ces accidents passagers dans son action universelle, comme le dieu panthéistique se développe, se cache et se manifeste tout à la fois dans tous les êtres et dans tous les phénomènes si variés et si opposés du monde naturel, partie intégrante de son absorbante entité.

Nos modernes révolutions, même lorsqu'elles étaient occasionnées par une juste réaction de l'ordre contre l'anarchie ou de la liberté contre le despotisme, et semblaient destinées à combattre et à vaincre la révolution, n'ont cependant été qu'un instrument entre ses mains, parce qu'elles n'ont pu répudier d'elle que ses crimes et ses folies, et sont restées solidaires de son esprit et de son principe.

L'empire, en mettant un frein aux fureurs de la révolution, la proclamait pourtant dans une constitution assise sur la base révolutionnaire de la souveraineté du peuple, et continuait son œuvre quand il foulait aux pieds toutes les libertés publiques, quand il violait la conscience chrétienne par des lois contraires à la religion, quand il mettait l'Église en servitude et son chef en captivité, quand il allait renverser dans toute l'Europe tous les trônes légitimes.

La restauration elle-même, malgré son principe radicalement contraire à la révolution, fit son œuvre aussi en livrant la royauté, enchaînée dans les liens d'un gouvernement parlementaire, à toutes les attaques des partis hostiles légalement organisés et armés contre elle. Le principe de la restauration devait tuer la révolution, c'était sa mission providentielle ; son gouvernement la sauva, et lui permit de vivre cachée sous le manteau du libéralisme. A l'aide de ce travestissement, la révolution, mêlée à toutes les luttes de l'arène politique, put en diriger les coups contre une royauté condamnée à une défensive impuissante ; car, placée qu'elle était sur le terrain tout nouveau d'une constitution d'importation étrangère, obligée de répudier les antiques traditions de la constitution nationale, cette royauté, qui avait prétendu *renouer la chaîne des temps*, rattacher le présent au passé, et par cette union rouvrir à la monarchie rajeunie les perspectives d'un long avenir, se trouva isolée, comme un débris sans racines, au milieu d'un courant révolutionnaire que l'habile tissu des fictions constitutionnelles pouvait bien dérober à sa vue, mais ne pouvait pas arrêter. L'illusion ne dura pas longtemps; l'abîme des révolutions n'avait pas été fermé ; il en sortit une nouvelle, et la restauration disparut.

La royauté de 1830, improvisée sous le prétexte d'arrêter la révolution dans ses emportements, en fut une solennelle consécration; elle donna un plus libre essor à son esprit, et lui prépara de ses propres mains le triomphe qu'elle avait prétendu lui arracher, ou plutôt elle ne fut, comme l'empire, que la révolution couronnée se contenant elle-même dans le pouvoir pour attendre le jour d'une nouvelle explosion dans la rue. Ce jour arriva : 1848 rejeta la révolution dans la république, sa première et plus naturelle manifestation.

Ces diverses révolutions, périodiquement écloses les unes des autres, n'ont donc été qu'un voile trompeur jeté sur la révolution pour la dérober aux regards superficiels de la foule. Le monstre qu'elles portaient dans leurs flancs a cessé d'être aperçu et redouté ; les esprits inattentifs n'ont vu en elles qu'une forme nouvelle de gouvernements réguliers donnant l'ordre, la tranquillité, quelquefois la prospérité ou la gloire ; et lorsqu'au milieu de tous ces biens arrivent ces jours d'inquiétude et de désillusionnement où le présent paraît incertain, où l'avenir devient menaçant, où se fait sentir ce malaise sans cause apparente qui trouble les populations et excite leur méfiance, nul ne se doute que la cause du mal c'est la révolution qui mine la société et qui est partout sans qu'on la voie, dans les idées, dans les lois du pays, dans les mœurs publiques, sous la base même des gouvernements.

Montrons-la donc toute vivante encore à ceux qui la croient morte depuis longtemps, et disons à ceux qui la voient, mais sous un prisme décevant qui les séduit, ce qu'elle est en réalité.

Chacune de nos diverses révolutions prise en particulier a bien ses enseignements, mais ils ne vont pas jusqu'à la racine du mal, et tout le monde d'ailleurs peut les tirer des faits qu'elles ont produits. Laissons-les à l'étude de l'histoire. Occupons-nous *de la révolution*, arrachons le masque qui la couvre ; ce sera mettre à nu la cause première des défaillances de la société moderne, et disposer les esprits à comprendre comment elle pourrait guérir.

Quelle est l'origine de la révolution, quel est son caractère, quel est son but et quelles sont ses tendances, quels sont ses moyens, quels sont ou seront ses résultats : questions importantes que nous allons aborder.

I.

La révolution de 1789, fille du philosophisme voltairien du dix-huitième siècle, petite-fille du protestantisme religieux du seizième siècle, a pour ancêtres toutes les révoltes de l'esprit humain contre le principe d'autorité, écoulement de la loi divine, sur lequel Dieu même a assis la société en lui donnant pour source et pour prototype la famille. — La révolution s'insurge contre l'ordre social au nom de la souveraineté du peuple, qui n'est que la souveraineté du nombre ou de la force, comme le protestantisme s'est insurgé contre l'ordre religieux, et le philosophisme contre l'ordre des intelligences au nom de la souveraineté de la raison individuelle.

Et comme l'ordre social repose sur toutes les règles imposées à l'humanité par son Créateur pour la rendre sociable, la règle de la foi, la règle de la morale, la règle du pouvoir, la règle de la soumission, la règle de la liberté, la règle de la raison; la révolution, en s'attaquant à l'ordre social tout entier, a résumé en elle et généralisé toutes les révoltes partielles dont elle a été la conséquence lointaine mais infaillible.

Lorsque le protestantisme s'insurgeait contre l'ordre religieux, non-seulement il n'avait pas l'intention de démolir l'ordre social, mais il ne niait pas même toute la religion ; il mutilait la foi, mais ne l'anéantissait pas ; il mettait des bornes à sa révolte, et en répudiant l'Église, il prétendait laisser la société toujours assise sur la base du christianisme. Il ébranlait bien l'édifice social en minant l'autorité religieuse, son plus solide appui, mais il en respectait tous les étais humains, et n'avait pas conscience de la ruine lointaine qu'il préparait.

Lorsque plus tard le philosophisme vint attaquer la religion tout entière, et faire table rase de toutes ses croyances, même de celles que le protestantisme avait conservées, il ne visait pas non plus, malgré ses théories impies et subversives, au renversement radical de tous les éléments de l'organisation sociale. Il voulait bien une société athée, mais il ne la voulait pas dans l'anarchie, sans pouvoir et sans institutions conservatrices, livrée aux aveugles instincts des passions populaires. L'aristocrate Voltaire eût protesté contre une démagogie en carmagnole ;

Diderot lui-même, quand il demandait, dans un accès de rage ou de bel esprit philosophique, *les boyaux du dernier des prêtres pour étrangler le dernier des rois,* ne prévoyait pas que ce vœu exécrable pût être réalisé jamais par la sanglante et féroce anarchie de 93. — Les philosophes *philosophaient,* et ne conspiraient pas ; ils *philosophaient* pour les salons, et non pas pour la rue ; ils chassaient leurs laquais et fermaient leur porte avant de donner cours aux extravagants blasphèmes de leur *philosophie.*

En un mot, le philosophisme, pas plus que le protestantisme, ne visait à la destruction radicale de l'ordre social. L'un prétendait l'affranchir de l'autorité de l'Église, l'autre de l'autorité de toute religion ; mais, hérétique ou athée, ils l'avaient rêvé conservant toujours sa puissance.

La révolution est issue de ce rêve fatal, comme une génération monstrueuse ; et plus hardie que ses pères et ses aïeux, elle a fait sauter tout l'édifice qu'ils avaient voulu seulement mutiler et badigeonner à leur façon. Si Luther et Calvin, si les principaux coryphées du philosophisme l'avaient vue à l'œuvre, sans doute ils auraient maudit leur fille. Mais elle leur aurait répondu : C'est vous qui m'avez engendrée ; c'est votre esprit qui m'anime, cet esprit qui se déifie lui-même, et ne peut supporter aucun joug ; je brise ceux que par inconséquence vous avez laissé peser encore sur l'humanité, j'achève votre œuvre ; que vos malédictions retombent sur vous !

La révolution en effet semble avoir pris à tâche de prouver par ses actes, à chaque pas qu'elle fait dans le monde, cette parenté avec le protestantisme et le philosophisme impie du dix-huitième siècle.

Ce sont les pays catholiques qu'elle attaque d'abord. La France, la Pologne, l'Autriche, l'Espagne, l'Italie, c'est là qu'elle a dirigé ou dirige encore tous les efforts de sa propagande ou toutes les violences de ses invasions, parce que c'est là qu'elle a trouvé dans sa plus haute expression sociale ce principe d'autorité qu'elle s'est donné la mission d'anéantir; et comme c'est là aussi que l'Eglise, qui en est la représentation divine et la plus fidèle gardienne sur la terre, lui oppose la plus forte résistance, c'est contre l'Église surtout qu'elle appelle toutes les rébellions. A sa suite et sous sa bannière, le schisme et l'hérésie marchent toujours, et pour leur ouvrir une brèche plus facile, la révolution démolit toutes les institutions qui servent de rempart à l'Eglise.

Les ordres religieux, ces utiles auxiliaires de la hiérarchie catholique, qui, se diversifiant en proportion de tous les besoins de l'humanité, portent leur zèle et leur dévouement partout où il y a quelque bien à faire, reçoivent d'abord ses premiers coups.

Ni ceux qui se partagent l'ingrat labeur de l'éducation populaire, et pauvres volontaires consument toute leur existence au milieu des enfants des pauvres pour les instruire et les moraliser; — ni ceux qui, consacrant leurs veilles à de plus hautes études, offrent avec le même désintéressement personnel aux enfants des classes riches une instruction supérieure, ou bien, infatigables pionniers de la science et des belles-lettres, exploitent dans la solitude toutes les branches des connaissances humaines, et souvent enrichissent le monde du fruit de leurs immortels travaux; — ni ceux qui du haut de la chaire chrétienne prêchent l'Évangile aux grands et aux petits, et leur apprennent la grande science du devoir; — ni ceux qui vont chercher la souffrance et le martyre au milieu des nations plongées encore dans les ténèbres de la barbarie ou de l'état sauvage, pour leur porter les bienfaits de la civilisation chrétienne, et avec elle nos arts, notre industrie, notre commerce ; — ni ceux qui, voués au soulagement de toutes les misères et de toutes les douleurs, tantôt visitent les pauvres et les malades dans leur domicile, s'asseoient à leur chevet pour les consoler, pansent leurs plaies et leur prodiguent toute sorte de soins et de secours, tantôt s'enferment avec eux dans les hôpitaux, tantôt suivent nos soldats sur les champs de bataille pour mettre le baume de la charité sur leurs glorieuses blessures ; — enfin, ni l'humble fille de saint Vincent de Paul, ni la Petite sœur des pauvres, ni le franciscain ami du peuple, ni le jésuite auquel nul dévouement n'est étranger, ni le docte bénédictin, ni l'infatigable frère prêcheur, ni le modeste frère des écoles chrétiennes, ni tant d'autres bienfaiteurs de l'humanité, ne peuvent trouver grâce aux yeux de la révolution. Ils forment tous la milice de l'Église catholique, et leur dévouement même fait leur crime ; la philanthropie révolutionnaire ne peut souffrir leur charité.

Une fois ces instituts divers abattus, une fois l'Église privée de leur utile coopération, la révolution attaque le clergé séculier, et quand elle ne peut pas le détruire d'un seul coup, elle lui enlève du moins l'indépendance de son existence sociale, elle le dépouille des biens dont la piété des fidèles l'avait doté, elle enchaîne la liberté de son ministère dans des restrictions arbitraires, et pour paralyser autant qu'il est en elle son action religieuse sur l'esprit des populations, elle favorise toutes les propagandes qui lui sont hostiles.

Dans des pays entièrement catholiques, des bibles protestantes sont jetées à profusion, des temples protestants sont élevés ; et tandis que cette propagande de l'hérésie attaque la foi catholique, la propagande impie du philosophisme cherche à éteindre toute foi religieuse ; les écoles, les chaires universitaires, enlevées au clergé ou aux maîtres chrétiens, sont livrées à des incrédules.

Enfin la papauté, la clef de voûte de l'Église, le centre de son autorité divine, la tête de sa hiérarchie, le lien de sa constitution, la force de son gouvernement, est aussi le principal point de mire des attaques de la révolution. Chaque fois qu'il lui a été donné de prévaloir dans la ville éternelle, soit par ses émeutes, soit par ses invasions, le pape a été arraché de son trône, jeté dans les fers ou en exil, et aujourd'hui encore Pie IX, dépouillé de ses provinces, ne porte déjà plus qu'une couronne sans fleurons et hérissée d'épines dont la révolution veut anéantir jusqu'aux derniers lambeaux.

C'est ainsi que la révolution envahit de préférence les nations catholiques et travaille à la destruction du catholicisme, parce qu'elle y voit le plus grand obstacle moral à son triomphe. Les libéraux révolutionnaires de 1830 disaient que pour orléaniser la France, il fallait la protestantiser, et les révolutionnaires de tous les temps et de tous les pays, universalisant cette pensée, protestent contre le catholicisme.

Mais une fois le but de la révolution atteint dans les États catholiques, pense-t-on que les États protestants échapperaient à ses coups? Là aussi, s'il n'y a pas cette autorité religieuse qui excite sa haine la plus implacable, il y a pourtant des pouvoirs souverains reposant sur la base du *Droit*, et opposés à son principe de souveraineté populaire. Là aussi, il y a des institutions sociales contraires à son esprit et à ses tendances, des libertés contraires à son intolérante liberté. Le tour de ces États viendra; ils seront condamnés aussi à passer sous son niveau; elle s'insurgera contre eux parce qu'il est dans sa nature de s'insurger contre toute autorité légitime.

C'est par l'insurrection que la révolution fit sa première apparition en France. Ce fut d'abord l'insurrection des députés contre le mandat qu'ils avaient reçu de la nation et le serment qu'ils avaient prêté ; ce fut ensuite l'insurrection contre la prérogative royale ; ce fut bientôt l'insurrection contre toutes les institutions nationales, contre le trône, contre l'autel. La révolution arbora cette devise : *l'insurrection est le plus saint des devoirs*, et rallia sous sa bannière tous les insurgés contre l'ordre civil, politique et religieux. Les repris de justice, les prêtres défroqués, les hommes perdus de dettes ou de débauche, les ambitieux mécontents, les prostituées même des rues, lui apportèrent le secours de leurs haines, de leurs convoitises, de tous leurs plus immondes instincts, et elle les mena à l'assaut de la société ; tout lui fut bon pour détruire, aucun instrument ne lui fit honte. — Engendrée par la révolte des cœurs et des esprits, elle grandit par la révolte des passions, et triompha par la révolte des multitudes égarées qu'elle proclama souveraines.

II

Il suit de là que le caractère de la révolution est essentiellement despotique. L'esprit de révolte ne connaît pas de freins, c'est pour les briser tous qu'il se lève, et lorsque dans sa marche aveugle il a pu dire : Je suis roi ! il faut que tout s'abaisse et se prosterne.

Quand un homme est souverain, cette souveraineté participe des faiblesses de la personnalité humaine ; nul ne peut tout contre tous ; il y a en dehors d'elle tout un peuple dont la soumission peut se changer en menace et en révolte, et qu'elle n'ose pas toujours braver ; elle reste justiciable de l'opinion et de la conscience publiques. D'ailleurs si cet homme souverain s'est imposé lui-même par la force et par la violence, il sent que cette force, passagère et caduque comme lui, a besoin de se contenir pour se faire accepter. Si c'est la naissance ou l'élection qui l'ont porté au pouvoir, il trouve en le saisissant ou des lois toutes faites, ou des conditions imposées, et toujours des mœurs, des coutumes, des institutions, des règles, des traditions qui ont déterminé d'avance les rapports sociaux entre son droit de commandement et le devoir d'obéissance de ses sujets. De là certaines barrières, certaines limites inévitablement posées devant son pouvoir, même le plus absolu. Mais lorsque c'est le peuple qui est souverain, sa volonté est omnipotente, rien ne saurait l'arrêter, toute résistance est impossible, tout doit plier pour n'être pas broyé.

Il est vrai que cette souveraineté du peuple n'est qu'une abstraction sans réalité possible. Jamais tout un peuple n'a pu être véritablement souverain. Toute souveraineté suppose des sujets : où seraient les sujets d'un peuple souverain? — La révolution ne l'ignore pas, et c'est pourtant une domination bien réelle qu'elle poursuit. Voilà pourquoi, faisant de cette abstraction une force seulement pour renverser tous les obstacles, elle se hâte, aussitôt qu'elle a triomphé, de se donner des sujets par la dictature, soit qu'elle la confie à plusieurs mains, soit qu'elle la concentre dans une seule ; et cette dictacture méprise assez le peuple souverain pour lui parler en maître au nom même de sa souveraineté, et ce peuple esclave se croit roi. — L'empire fut aussi despotique dans l'ordre, que la Convention avait été tyrannique dans l'anarchie.

Partout où la révolution passe, la liberté disparaît. Elle ne peut pas même la souffrir dans les républiques légitimement constituées. Elle trouve là pourtant le principe de la souveraineté du peuple, mais ce principe est de toute autre nature que celui dont elle veut faire son levier ; il est lié à des droits, à des franchises, à des immunités qui l'empêchent d'être omnipotent ; il est subordonné à des institutions qui le représentent, qui le règlent et qu'il respecte, en faveur desquelles il a abdiqué, sinon son droit, du moins son pouvoir. Que ces institutions soient aristocratiques ou démocratiques, cette souveraineté n'appartient pas seulement à une classe de citoyens, elle appartient à toutes ; c'est la souveraineté nationale embrassant tout le corps social, les membres supérieurs et la tête, aussi bien que les membres inférieurs. C'est la souveraineté de la raison publique, et non pas la souveraineté aveugle et inintelligente du nombre.

Voilà pourquoi elle n'est pas absolue et se laisse dominer par la loi, par les pouvoirs constitués, par le droit des citoyens à tous les degrés de l'échelle sociale, depuis la base jusqu'au sommet. Le principe, au contraire, de la souveraineté du peuple, tel que la révolution l'a reçu des mains de la révolte, basé uniquement sur la démagogie, ne supporte aucune entrave. Ennemi de toute indépendance, il fait passer sous son joug la liberté des États confédérés de la Suisse républicaine aussi bien que celle que d'autres peuples ont trouvée dans la monarchie; et nous avons vu de nos jours la souveraineté cantonale, l'élément fondamental de la liberté helvétique à l'abri duquel le droit depuis des siècles marchait l'égal de la force, foulée aux pieds, écrasée par cette souveraineté révolutionnaire du nombre qui ne connaît aucun droit et ne respecte pas plus les obstacles qui lui viennent de la république que ceux qui lui viennent de la monarchie. Le Sunderbund défendant la liberté et l'égalité cantonales n'a pas mieux trouvé grâce aux yeux de la révolution que le roi le plus absolu qui aurait défendu sa couronne. Des citoyens libres combattant pour les lois, pour les droits, pour les institutions sociales ou religieuses, pour l'indépendance enfin de leur patrie, n'ont pas été mieux traités que ne l'eût été une armée de séides combattant pour réduire un peuple en servitude. Violences, emprisonnements, confiscations, proscriptions, tel a été le châtiment de leur patriotisme. Du moment que la révolution a eu mis le pied en Suisse, elle a voulu y faire table rase de toutes les libertés cantonales pour établir son pouvoir dans une absorbante unité, et il a fallu que tout obstacle disparût devant elle, comme devant le char sanglant de certaine divinité indienne qui broie en roulant tout ce qui se trouve sur son passage.

Si la révolution avait souci de la liberté, elle la respecterait partout où elle existe, et bien loin de renverser les institutions qui la donnent aux peuples, elle tendrait à les multiplier, à les accroître, à les perfectionner; il n'y aurait jamais à ses yeux assez de corps libres, ayant une vie propre, se mouvant dans un cercle d'attributions indépendantes, gérant des intérêts distincts et séparés, ayant des droits et des immunités inviolables; l'Église, comme corps social, ne lui paraîtrait jamais assez affranchie du joug de l'État, assez maîtresse d'elle-même, assez assurée de répandre sans entraves sa doctrine divine qui a brisé partout les chaînes de l'esclavage antique. Ne sont-ce pas là autant de contrepoids à l'action du pouvoir, autant d'éléments de liberté pour les peuples? Quand une humble commune peut arrêter la main du Pouvoir en lui disant : C'est mon droit! Quand un humble prêtre peut le faire reculer en lui disant : *non licet!* ce Pouvoir peut-il être despote, ses sujets peuvent-ils être esclaves? Mais non, la révolution ne veut pas de la liberté des peuples, sa domination en prendrait ombrage ; elle les veut courbés sous le niveau dont elle a fait son sceptre, elle les veut sans droits, sans indépendance, et ne connaissant d'autre liberté que la sienne dans une commune servitude.

Si la révolution avait souci de la liberté, tous les peuples opprimés n'auraient-ils pas un droit égal à ses sympathies, et le plus malheureux de tous n'aurait-il pas provoqué surtout le cri de son indignation contre ses oppresseurs? Non, elle a vu l'Irlande brisée sous un joug de fer, agonisant dans sa misère ; l'Irlande était catholique, et la révolution athée trouvait bon qu'elle mourût. Plus tard l'Irlande a secoué ses chaînes, elle a fait de nobles efforts pour en alléger le poids ; mais elle l'a fait sans la révolution, et la révolution n'a pas eu même un applaudissement pour l'encourager dans sa lutte.

Une législation draconienne, la honte de la civilisation moderne, frappe en Suède de confiscation, d'exil, de mort même, la liberté de conscience. Là encore c'est le protestantisme qui est oppresseur. La révolution, qui a des anathèmes rétrospectifs contre la révocation de l'édit de Nantes, n'a pas de protestation contre le fanatisme suédois.

Si elle accorde d'hypocrites sympathies à la Pologne malgré son catholicisme, c'est en haine du Pouvoir qui l'asservit et qui était en Europe le plus puissant rempart contre les envahissements révolutionnaires; c'est surtout parce que, bien loin d'imiter l'Irlande, qui dans son agitation patriotique sous son illustre chef O'Connell, refusa tout contact avec la révolution, la Pologne, ayant laissé pénétrer chez elle l'esprit révolutionnaire, avait demandé sa délivrance à la révolution, et mis à son service quelquefois ses phalanges, souvent ses bannis, et toujours ses apostats; imprudente coopération qui, si elle eût réussi à briser la domination moscovite, n'eût pas rendu à la Pologne son antique liberté, la liberté de sa foi, la liberté de ses institutions nationales, mais cette liberté impie de la révolution qui n'est qu'une véritable servitude sous la force matérielle d'une tyrannie populaire ou d'une dictature couronnée. La Pologne eût cessé d'être catholique et ne serait pas redevenue libre si elle avait triomphé avec et par la révolution.

Le Piémont a ouvert les portes de l'Italie à la révolution par son gouvernement parlementaire ; à l'instant elle a fait un dictateur de son roi constitutionnel, et c'est par des dictatures qu'elle cherche à imposer son règne dans toute la Péninsule. Droits civiques, droit des gens, droits internationaux, franchises communales, corporations, institutions, lois, propriétés, autonomie des peuples, royautés séculaires, papauté, elle veut tout renverser pour établir partout sa despotique domination.

Qui pourrait s'en étonner ? Elle est le peuple souverain, et le peuple souverain est tout ; tout est fait pour lui, tout doit tendre vers lui, tout doit aboutir à lui. Soit qu'il se couvre la tête d'un bonnet phrygien, soit qu'il orne son front du diadème des césars, quand il a dit : *Sic volo, sic jubeo, sit pro ratione voluntas,* ne faut-il pas que tout s'incline et laisse passer la révolution ? Qu'y a-t-il en dehors de lui qui puisse lever la tête ? La France la première, la reine de la civilisation, n'abaissa-t-elle pas son sceptre devant ses sanglants faisceaux ?

III

Quel est le but de la révolution, et quelles sont ses tendances? — La révolution n'a pas une philosophie, une morale, une religion nouvelle quelconques qu'elle veuille faire prévaloir sur celles qui sont en possession de régner dans le monde; elle n'a rien à mettre à la place, elle n'est qu'une négation. Si elle prêche la liberté, c'est sans y croire et sans la vouloir, la liberté réelle lui serait un obstacle. Si elle renverse des trônes, ce n'est pas pour fonder de nouvelles dynasties, elle est ennemie de toute royauté, et quand elles surgissent malgré elle ou parce qu'elle les a rendues nécessaires par ses excès, si elle les accepte, c'est en haine des anciennes et comme une barrière opposée à leur retour, c'est qu'elles ont adopté son principe tout en la muselant et qu'elle se réserve de les faire servir un jour à son dernier triomphe. Quand la révolution proclame la République, ce n'est pas non plus pour l'établir sur une base d'ordre et d'autorité publique qui en fasse un gouvernement régulier, ferme, juste et stable ; la république de 1848, du moment qu'elle fut acceptée et servie par les amis de l'ordre et les honnêtes gens de tous les partis, n'eut pas de plus grands ennemis que les révolutionnaires, et eut à les combattre et à les vaincre dans de sanglantes journées.

Mais la révolution a des ambitions, des cupidités, des convoitises, des préjugés, des antipathies, des instincts mauvais de toute sorte, et elle n'a pas d'autre but que de les satisfaire. Voilà pourquoi elle ne s'attaque pas seulement aux obstacles matériels qui la gênent, mais en veut surtout aux puissances morales qui la condamnent, et les poursuit partout où elles opposent un frein aux passions qu'elle veut exploiter.

Dans la famille, elle abaisse le niveau de l'autorité paternelle, y souffle l'esprit d'égalité et d'indépendance, le mépris du foyer domestique; et la famille, cette première base de tout ordre social, cette première école du respect, où les générations successives puisaient toutes les notions du devoir, toutes les habitudes d'obéissance, de dévouement mutuel, et se transmettaient des traditions qui, les rendant solidaires les uns des autres, les faisaient vivre tout à la fois dans le passé, dans le présent et dans l'avenir; la famille façonnée par la révolution perd le ciment qui en faisait la force et la durée ; l'individualisme en relâche tous les liens, l'égoïsme en corrompt les vertus héréditaires ; elle devient une réunion momentanée impatiente de se dissoudre pour échapper à toute contrainte et à toute subordination.

La cité était une agglomération de familles où les divers intérêts similaires, associés pour la défense commune, trouvaient un foyer commun d'activité. Ces familles n'y étaient pas isolées; groupées en corporations selon la nature de leurs besoins et de leurs intérêts, elles se prêtaient un mutuel et solidaire appui, et ces corporations formaient ainsi comme une nouvelle et plus grande famille qui avait des droits collectifs, des conseils et des chefs chargés de veiller à leur maintien, une bannière, symbole de leur fraternelle union. — Plus haut, le conseil de la commune et les magistrats municipaux, à l'élection desquels chaque famille avait concouru et qui les représentaient toutes, administraient librement les intérêts généraux de la cité. — Partout, dans les fractions comme dans l'ensemble de l'agglomération urbaine, il y avait une reproduction du premier type de l'association humaine, la famille; il y avait un corps moral dont la tête et les membres étaient organisés hiérarchiquement et qui vivait de sa vie propre. L'unité sociale n'était pas l'homme isolé, ne devant compte qu'à lui-même de sa part d'action dans la vie commune, et pesant tous les intérêts publics dans la balance de ses cupidités solitaires et de ses instincts égoïstes. L'individu n'était rien dans la cité ; l'association et la représentation y étaient tout. La cité était une grande famille où la subordination, l'ordre et le respect réglaient la liberté.

Mais une liberté réglée, une liberté basée sur des intérêts conservateurs, acceptant des influences modératrices, est un obstacle aux passions que la révolution veut exploiter ; il lui faut une liberté révoltée contre tout frein, contre toute pondération. Voilà pourquoi elle détruit tous les foyers de vie patriarcale, émancipe tous les membres de l'agglomération communale, et dit à chacun : Tu es libre, tu ne dépends que de toi-même ; tes opinions personnelles, tes intérêts personnels, tes sentiments, tes instincts, voilà ta règle ! Et l'individualisme succède à l'association, le nombre devient le maître de la cité, maître aveugle et inintelligent, gouvernant par l'anarchie quand la révolution ne lui ordonne pas de devenir esclave sous le despotisme.

C'est ainsi que nos communes en France, ayant perdu tous les foyers de leurs anciennes franchises, ne sont plus qu'un rouage administratif entre les mains du pouvoir, sans aucune puissance de conservation quand le pouvoir tombe entre les mains de la révolution.

Dans l'État, même travail de la révolution pour anéantir toutes les résistances morales à son omnipotence, même soin de tout niveler pour tout asservir. S'il y a, comme dans la commune, des institutions destinées à maintenir un sage équilibre entre l'autorité et la liberté, la révolution n'y voit que des entraves, parce qu'elles vivent dans la règle, dans le respect de tout ce qu'elle veut détruire. Assemblées provinciales, corps indépendants, franchises locales de toute espèce, elle renverse tout, et sur cette table rase, à la place des pouvoirs anciens et légitimes à l'abri desquels les peuples avaient trouvé la liberté dans l'ordre, elle intronise des maîtres nouveaux, régnant par la compression ou la licence. Toute association libre, toute solidarité l'importune. Elle ne veut dans la nation, comme dans la cité, comme dans la famille, que des individus, parce que l'individu ne peut être qu'un instrument aveugle de servitude ou de révolte, tandis que l'association est une force intelligente de résistance et de conservation ; et, pour que cet instrument soit plus puissant entre ses mains, après avoir dit au fils de famille : Tu es libre! elle dit au citoyen : Tu es roi !

C'est par ce cri que la révolution répondit en 89 à la royauté qui, s'inspirant des antiques traditions de la constitution française et des besoins nouveaux de la nation, voulut non-seulement étendre à toutes les provinces ces assemblées d'État, que quelques-unes seulement possédaient, mais encore rappeler les États généraux de la France, tombés en désuétude depuis trop longtemps; et cette souveraineté populaire, après avoir balayé du sol français toutes les libertés comme tous les pouvoirs, inaugura cette monstrueuse tyrannie de 93, sans exemple dans l'histoire du monde.

Mais la plus haute barrière morale apportée à la marche de la révolution, c'est la religion, qui condamne toutes les passions qu'elle veut enrôler sous sa bannière; c'est l'Église, qui forme un corps social luttant toujours contre ses envahissements. Aussi bien, est-ce contre cet obstacle qu'elle dirige toujours et partout ses premières et plus énergiques attaques, tantôt par la violence, tantôt par l'hypocrisie. Quand la révolution est en délire, elle vise à l'extirpation totale de cet obstacle, et on l'a vue en 93 élever sur ses débris des autels à la déesse Raison. Quand elle devient plus sage ou plus habile, quand elle comprend qu'il ne lui est pas donné d'anéantir la religion, alors elle se borne à la reléguer au fond d'un sanctuaire muré d'où elle ne puisse faire rayonner que sous son bon plaisir ses dogmes, sa morale et ses exemples. Mais elle satisfait toujours ses convoitises et sa haine en dépouillant le clergé des biens dont la piété des fidèles l'avait doté, en lui faisant perdre l'indépendance de son existence sociale, en enchaînant la liberté de son ministère dans des restrictions arbitraires.

Tel est le but de la révolution : démanteler la société de tout ce qui fait sa force de cohésion et de résistance, en faire une place sans remparts, ouverte à tous les assauts, une proie pour toutes les passions qu'elle traîne à sa suite.

Ce but, elle ne le perd jamais de vue, même quand, par prudence ou par contrainte, elle est obligée de suspendre ou de cacher sa marche, toujours prête à se remettre en route jusqu'à ce qu'ayant mis le pied sur le dernier trône et le dernier autel, elle ait pu réaliser une domination universelle qui serait l'asservissement et la dégradation de l'humanité. Ce but, elle n'a garde de le montrer toujours; souvent, au contraire, elle cherche à le dérober aux yeux qui s'en épouvanteraient; mais ses actes, aux jours de ses audaces, et les indiscrétions de ses séides ne le révèlent que trop, et malheur aux peuples et aux rois qui ferment les yeux pour ne pas l'apercevoir! Ils le verront un jour, mais il sera trop tard.

IV

Les moyens de la révolution sont en rapport avec son but : l'hypocrisie et l'astuce précèdent oujours la violence.

Pour arriver à tout renverser sur son passage elle commence par miner le terrain qu'elle doit parcourir; elle sème partout le mensonge, tous les grands mots qui trompent et qui séduisent les multitudes. Elle leur apporte la tyrannie et leur annonce la liberté; elle leur apporte la ruine, l'aggravation de tous les impôts, le renchérissement de toutes les choses de la vie, l'accroissement de la dette publique par d'incessants emprunts devant aboutir à la banqueroute, et elle vient, dit-elle, pour les délivrer de leur misère; elle leur promet l'égalité, mais ne la leur donne que sous un niveau écrasant qui les abaisse encore davantage. Sont-elles heureuses et tranquilles sous un sceptre aimé et respecté, elle mettra dix ans, s'il le faut, à gémir sur leur servitude, à leur en faire honte, à leur montrer le mirage d'une patrie régénérée, où il n'y aura pour elles que gloire, richesses, indépendance et plaisirs, et si elles ne comprennent pas tous ces biens, si elles restent contentes de leur sort, elle ira un jour les leur imposer à coups de baïonnettes.

C'est par de tels moyens qu'elle est parvenue à s'insinuer dans tous les États de l'Italie, et à y susciter d'aveugles mécontentements contre les gouvernements les plus occupés du bonheur des peuples.

La Toscane florissait sous un régime paternel et libéral; des lois douces, des impôts excessivement modérés, une administration intelligente développant avec sollicitude tous les éléments de la prospérité publique, rien ne manquait à son bien-être.

A Parme, une petite-fille de Henri IV, héritière de son amour pour le peuple, avait déjà fait en cinq années des miracles de bon gouvernement. Tout en allégeant l'impôt, tout en augmentant les traitements civils et militaires ainsi que les pensions, tout en abolissant les lois de transit et remaniant les tarifs de douane dans un sens libéral, tout en multipliant les allocations aux travaux publics et communaux, elle avait dégrevé la dette publique de 4 millions, établi le budget en excédant de recettes sur les dépenses, créé une réserve dans le trésor. Elle avait prodigué des secours aux arts, aux lettres, au commerce et à l'industrie, fécondé tous les services publics, encouragé l'essor de toutes les entreprises utiles, procuré à la classe ouvrière par des constructions neuves appropriées à ses besoins, des logements sains, commodes et à bon marché, réformé l'administration, la magistrature ; elle avait réorganisé sa petite armée, dans tous les éléments qui en font la force et la discipline, sur le modèle des corps de l'armée française ; elle avait enfin développé toutes les sources de la prospérité publique ; elle était bénie par son peuple, applaudie par l'Europe.

Rome avait un père pour souverain. Pie IX avait déjà réalisé des réformes dans l'administration de ses États, et son cœur libéral en méditait sans cesse de nouvelles, malgré le souvenir des cruels mécomptes de sa trop confiante générosité aux jours d'élan et d'enthousiasme de son avénement. Il avait établi une consulte d'État pour le règlement et le contrôle des finances ; avec de légers impôts, il avait payé les dettes de la révolution de 1848, élevé le crédit public à la hauteur de tous les besoins, favorisé l'établissement de chemins de fer, l'agriculture, le commerce, l'industrie ; il avait accueilli tous les conseils amis pour diriger la marche de son gouvernement dans la routes des sages progrès et de toutes les améliorations compatibles avec la souveraineté d'un pontife-roi. Pour achever son œuvre, il ne lui fallait que du temps, de la tranquillité et de la liberté.

Le royaume de Naples était en pleine voie de prospérité. Une belle armée, une florissante marine avaient grandi la puissance nationale. Pour le crédit public, il rivalisait avec les plus grands États; la rente avait dépassé le pair; les chemins de fer s'y multipliaient; là autant qu'ailleurs, il y avait une intelligente impulsion donnée à tous les éléments de prospérité; là aussi, il y avait un peuple heureux et fidèle.

Sans doute, dans tous ces États, il pouvait y avoir encore des progrès à réaliser; là d'autres abus à corriger, des réformes plus grandes à faire; ici une meilleure organisation des services publics; partout peut-être des institutions à créer ou à perfectionner pour donner à la vie nationale plus d'élan et plus d'activité. Quel est le gouvernement, parmi les plus puissants et les mieux ordonnés, qui n'ait plus rien à corriger, rien à changer, rien à fonder? où n'y a-t-il pas quelque plaie sociale à guérir? Mais sans la révolution, sans la fatale nécessité où étaient tous ces gouvernements italiens de prendre garde à ses embûches, dans la crainte de lui ouvrir un accès trop facile, ils eussent tous, dans la mesure des besoins de leurs peuples, marché d'un pas plus confiant et plus rapide dans la voie de tous les perfectionnements ; ils ne se fussent refusés à aucune liberté conciliable avec l'ordre et leur sécurité.

Malheureusement la révolution était là, cachée dans les sociétés secrètes, et minant le sol par ses sourdes menées, comme le volcan nourrit ses feux dans les entrailles de la terre jusqu'à ce qu'il puisse l'ébranler par ses éruptions. Obligés de lutter contre une conspiration permanente, sentant sous leurs pieds le travail incessant de la révolution pour pervertir l'esprit des peuples, pour enrôler toutes les mauvaises passions et les exciter à la révolte, en butte aussi à toutes les propagandes hostiles du dehors, à toutes les convoitises de la politique étrangère, toujours menacés, souvent attaqués à force ouverte, s'il faut s'étonner d'une chose, ce n'est pas qu'il restât quelque chose de mieux encore à faire à ces gouvernements, c'est qu'ils aient pu faire ce qu'ils ont fait. La révolution cependant n'a cessé de les harceler de ses plaintes et de ses reproches, l'Europe entière en a retenti, ils ont même trouvé de l'écho jusque dans les conseils des souverains.

S'il était fait droit à un grief, si un abus était corrigé, si une amélioration était faite, si une concession était accordée, la révolution, bien loin d'en tenir compte, s'en faisait un prétexte pour redoubler ses exigences et une arme pour mieux assurer ses attaques. Les réformes de Pie IX à son avénement, si larges, si libérales, si généreuses, purent-elles le couvrir? et en dernier lieu la constitution promulguée à Naples par François II a-t-elle pu le sauver? Il aurait fallu que ces gouvernements consentissent à arborer la livrée de la révolution, à s'avilir sous l'empreinte de son estampille ; et cela même n'aurait pu la satisfaire. L'infortuné Louis XVI n'avait-il pas arboré sa cocarde? n'avait-il pas un jour humilié son front royal sous l'infâme bonnet rouge? Elle aspirait à un plus complet triomphe, à ressaisir tout entière la proie que les armes françaises ou la fidélité des peuples italiens lui avait arrachée une première fois. Il lui fallait, comme par le passé, des trônes abattus. — Voilà pourquoi elle reprenait et poursuivait toujours avec une infatigable persévérance la mine souterraine qui devait lui ouvrir une nouvelle brèche pour un nouvel assaut, et criant à la tyrannie parce qu'ils osaient se défendre, elle appelait le roi Ferdinand *le roi Bomba*, le doux et généreux Pie IX *un traître*, la duchesse de Parme *une étrangère*, les ducs de Toscane et de Modène *des Autrichiens*, tous ces gouvernements enfin, des pouvoirs aussi ineptes qu'oppresseurs.

Ainsi formait-elle partout des foyers de mécontentement où, le moment venu, elle a trouvé des instruments aveugles de révolte tout prêts à seconder les armées piémontaises quand elles ont été mises à son service pour l'aider à comprimer la fidélité des peuples envers les souverains qu'elle voulait détrôner, car elle a eu besoin de ce secours étranger; la grande majorité de ces peuples si opprimés, si esclaves, disait-elle, était restée inaccessible à ses séductions et à ses corruptions; on l'a vue protestant contre elle tantôt par des soulèvements, tantôt par la désertion de ses scrutins menteurs; et ces gouvernements si mauvais, si faibles, si inintelligents, si oppresseurs, dont elle voulait délivrer ces malheureux peuples, il lui a fallu les baïonnettes piémontaises pour les renverser.

La révolution ne s'adresse pas seulement aux passions coupables, elle sait aussi se faire une arme des aspirations légitimes des peuples vers un ordre meilleur; elle s'en empare et les dirige vers son but.

En 1789 un mouvement s'était produit en France tendant à rétablir l'équilibre rompu de l'ancienne constitution nationale, et emportant tous les esprits vers les problèmes de la politique. — La monarchie, après avoir traversé de longs siècles d'élaboration et de progrès, était arrivée sous Louis XIV à ce point culminant de puissance et de gloire où le pouvoir n'a plus à craindre d'autre danger que celui d'être trop fort. La nation ne le comprit pas plus que son roi, et dans l'enivrement de ce long règne toujours prestigieux jusque dans les malheurs de ses dernières années, l'éclat des armes, des sciences, des lettres, des arts, de tout ce qui fait l'orgueil d'un grand peuple, fit oublier la liberté, et les plus importantes des vieilles institutions qui en en avaient été la sauvegarde furent ou affaiblies ou supprimées.

A ce prestige fascinateur succéda un léthargique sommeil. La France s'endormit dans les faiblesses et les corruptions du règne de Louis XV. Malgré les hardiesses philosophiques de ses beaux esprits, malgré le bruit de quelques agitations politiques dans la sphère du pouvoir, les idées de liberté n'arrivèrent à elle que comme un rêve importun qui troublait son repos, et ne se sentant pas esclave, elle n'aspira pas à devenir plus libre. Amollie par un long sommeil, elle ne voulait que dormir encore.

Mais enfin l'heure du réveil sonna. Un jeune et vertueux monarque venait de monter sur le trône. Animé des plus purs sentiments d'amour et de dévouement pour son peuple, désireux de réparer les fautes et les erreurs du passé, de réconcilier de nouveau le pouvoir et la liberté, jaloux de mériter ainsi le titre de Restaurateur de la monarchie française, Louis XVI avait, dès son avénement, provoqué, par d'utiles et généreuses initiatives, les esprits à l'étude de tous les problèmes politiques. Bientôt il appela la nation à venir l'aider à les résoudre, et la nation, se ressouvenant alors de ses anciennes libertés perdues, répondit à cet appel en demandant la réforme des abus, le redressement des griefs, le retour aux principes de la constitution française également éloignés de l'excès du pouvoir et de l'excès de la liberté. Telles étaient les aspirations de la France en 1789 ; elles n'allaient pas au delà ; les cahiers unanimes de ses députés aux Etats généraux, convoqués par Louis XVI, l'attesteront à jamais.

Ces aspirations étaient légitimes, — mais le

génie de la révolution était là guettant sa proie, comme le lion des livres saints, *quærens leo quem devoret*. Il s'en empara, il y mêla le dangereux ferment de toutes les utopies philosophiques et de toutes les passions populaires, et pour égarer l'élan de la nation il précipita les esprits dans une route pleine d'illusions et de décevantes perspectives. L'abîme était au bout, et la France y tomba avant de s'apercevoir qu'elle avait manqué et dépassé son but.

En ce moment, c'est l'esprit de nationalité qu'elle exploite; mais pour le faire tourner à son profit, elle l'emporte au delà des vœux et des besoins réels des peuples. L'Italie aspirait à s'affranchir de la domination étrangère; grâce à l'intervention de la France ce joug a été brisé; mais l'Italie libre ne suffisait pas à la révolution, il lui fallait une Italie courbée sous son niveau et façonnée par elle; il lui fallait une Italie insurgée contre ses princes légitimes, même les plus Italiens, car tout ce qui est légitime est antipathique à la révolution.

Elle a proclamé un de ces grands mots avec lesquels elle a coutume de séduire les multitudes; l'unitarisme a été un cri de guerre contre tous les trônes italiens, même contre ceux qui avaient mis leur indépendance sous la sauvegarde de la neutralité pendant la guerre contre l'Autriche, même contre le plus auguste de tous, qui est le cœur de la nationalité italienne, et que dix siècles ont consacré sous l'auréole de la religion. La révolution a condamné tous les peuples libres et indépendants de la Péninsule à se fondre dans une grande nationalité imaginaire que repousse leur patriotisme comme leur histoire.

Le Piémont, depuis longtemps livré à son influence, lui a fourni ses phalanges, son roi constitutionnel, tous ses conspirateurs, toutes les ressources de son gouvernement, toutes les machinations de sa diplomatie, toutes les audaces de son ambition, et c'est à l'aide de tous ces secours que, foulant aux pieds les droits les plus sacrés, toutes les règles qui régissent les relations internationales dans la guerre comme dans la paix, elle va enlever à tous ces peuples leur autonomie et leur imposer sa domination universelle. — L'Autriche, par ses occupations militaires, ne blessait que leur indépendance, et tous ne les avaient pas subies; la révolution leur fera perdre à tous leur vie nationale; il n'y aura plus en Italie des Napolitains, des Romains, des Toscans, il n'y aura plus que des Piémontais au service de la révolution.

Au besoin la révolution sait prendre le masque

du respect pour les choses qu'elle veut détruire; on la verra fléchir les genoux devant les autels qu'elle veut renverser, et dans ces derniers temps, en Italie surtout, elle a poussé ses hypocrisies jusqu'au cynisme, jusqu'à faire douter si elle prétendait réellement faire des dupes, ou si plutôt elle ne voulait pas seulement fournir des prétextes ou des voiles à de secrètes et honteuses complicités. Jamais le langage humain n'avait été si audacieusement employé à tant de mensonges, jamais tous les mots qui expriment les grandes et saintes choses n'avaient été profanés avec tant d'impudeur. On pourrait dire que la révolution a cessé d'être hypocrite à force d'hypocrisie, tant il y a eu dans ses génuflexions d'insultante ironie. On croit voir la populace du prétoire saluer le roi des Juifs qu'elle allait crucifier : *Ave rex Judœorum!* — Nous n'avons pas à raconter ici ni les fourberies de sa diplomatie, ni les ambages de sa politique, ni les perfidies de ses invasions; ils sont trop nombreux et trop connus, ce serait montrer le jour en plein midi. Nous ne pouvons être qu'un faible écho de la conscience publique qui s'en est indignée; mais l'histoire les inscrira dans ses pages vengeresses, et les générations à venir s'étonneront qu'ils aient pu s'accomplir sans soulever partout d'efficaces réprobations. — Tous les instruments lui sont bons; c'est dans l'arsenal des mauvaises passions qu'elle va les prendre, et quand elle vient à en rejeter un c'est qu'elle ne l'a pas trouvé assez tranchant et assez meurtrier à son gré. — Les rois qui la servent ont ses adulations jusqu'à ce qu'ils lui soient devenus inutiles, les républiques qui la gênent ont ses anathèmes. S'il arrive que fatiguée enfin de son travail destructeur, effrayée des ruines qu'elle a faites, elle soit forcée de se reposer quelque part dans un ordre régulier, sous un pouvoir que ses excès mêmes ont élevé, elle n'abdique pas pour cela, elle se réfugie dans les sociétés secrètes, et de là, derrière ce pouvoir qui semble la dominer mais qui la représente, continuant son œuvre, soufflant partout son esprit et préparant ses armes pour de nouvelles explosions, elle lui fait toujours entendre ce cri redoutable : Marche ! marche !

V

Telle est la révolution, tel son caractère, tel son but, tels ses moyens. Et cependant combien d'esprits honnêtes la regardent encore comme une ère d'émancipation, de liberté et de bonheur pour les peuples !

C'est qu'ils lui font honneur des principes sagement libéraux qui furent proclamés en 1789, et qui font aujourd'hui la base de notre droit public. Ils oublient qu'en 1789 ces principes, éclos déjà avant la révolution sous l'initiative de la royauté, eussent été acquis à notre société moderne sans elle. La France n'avait pas besoin pour être libre de se jeter dans les bras de la révolution; elle n'avait qu'à donner un coup d'œil en arrière sur son histoire et à marcher en avant, à la lumière du passé, dans la voie des réformes que son roi lui avait ouverte. Tous ses vœux légitimes eussent été exaucés, et poursuivant le cours ascendant de sa civilisation, elle eût réalisé successivement, sans passer par les sanglantes épreuves d'anarchie ou de despotisme qu'elle a eu à subir, tous les progrès et toutes les améliorations dont elle jouit aujourd'hui. Ce n'est pas la révolution qui les lui a donnés ; ils sont nés du cours naturel des choses, à l'abri des gouvernements réguliers que diverses révolutions ont fait sortir de son sein, mais qui ont été plus ou moins une halte dans sa marche, ou même quelquefois une protestation contre elle.

La révolution est une force destructive qui ne peut rien édifier ; son impulsion va droit à l'anarchie et au chaos, et si quelque chose de bon se produit dans la société, c'est quand son bras fatigué se repose, c'est quand elle sommeille.

VI

Quels sont donc jusqu'à présent les résultats propres à la révolution qui aient découlé uniquement de son esprit, de ses tendances et de ses actes ?

Dans le cours des observations précédentes, on a pu la voir, non-seulement lorsqu'elle est triomphante, mais encore lorsqu'elle semble vaincue, agissant constamment sur la société pour y altérer ou y détruire tous les éléments de sa vie morale ; pour y corrompre toutes les notions d'autorité, de droit et de liberté qui en sont l'âme, pour y étouffer partout la séve chrétienne et faire rétrograder notre civilisation jusque par delà le paganisme, en la matérialisant.

Mais tous ces résultats de démoralisation publique, cachés plus ou moins dans les entrailles de la société, se résument et se manifestent aux yeux les plus aveugles dans ce seul fait que, depuis soixante-dix ans que la France s'est livrée à à la révolution, tout gouvernement y est devenu impossible à fonder autrement que d'une manière transitoire pour les nécessités du présent et sans racines pour l'avenir ; elle en a changé huit fois ; ils se sont culbutés les uns les autres ; les plus habiles et les plus forts n'ont pu durer vingt ans ; les uns sont tombés dans le sang, dans l'anarchie et dans la honte ; les autres au milieu des enivrements de la gloire dans la guerre, ou de la prospérité dans la paix. Ni le développement de la fortune publique et privée, ni les progrès du commerce, de l'industrie et de l'agriculture, ni le perfectionnement de l'économie politique et sociale, n'ont pu en sauver aucun ; et à chaque chute la France a eu à payer par d'énormes sacrifices le laborieux enfantement d'un autre gouvernement aussi peu solide que ses devanciers. Il faut que les ressources de la France soient inépuisables pour n'avoir pas été radicalement taries par tant et d'aussi dispendieux essais.

Pourtant l'habileté, le génie n'ont pas fait défaut à ces gouvernements pour les diriger, ni le patriotisme pour les soutenir. Depuis ces élans d'un républicanisme farouche qui donnèrent à la Convention des légions capables de faire reculer l'Europe épouvantée, jusqu'à ces phalanges immortelles qui portèrent l'aigle impériale dans toutes les capitales du continent, jusqu'à ces luttes héroïques de nos soldats et de nos gardes nationales contre les émeutes et les insurrections, que de sang n'a pas été versé pour les défendre ! Pourquoi donc sont-ils tombés ?

Nous n'ignorons pas qu'on peut assigner à chaque chute une cause accidentelle immédiate, telle ou telle faute, tel ou tel fait; mais ce n'est là qu'une explication de circonstance qui s'applique à chacun des gouvernements en particulier, et laisse subsister la question par rapport à tous. Qu'un gouvernement tombe, l'histoire en montre des exemples dans tous les temps; mais qu'un si grand nombre de gouvernements divers tombent successivement les uns après les autres dans le même pays et dans la même période de temps, cela ne peut s'expliquer que par une cause générale, profonde, qui les a tous empêchés de s'asseoir sur une base solide; et cette cause, c'est la révolution, qui a miné les fondements mêmes de la société.

Dans les longs siècles qu'a traversé la monarchie française, elle n'a pas été toujours à l'abri de ces causes occasionnelles de bouleversement et de chute. L'histoire nous la montre souvent ébranlée sous le choc des factions, tourmentée par la guerre civile, refoulée par l'invasion étrangère, trahie par de coupables ambitions, servie par des ministres inhabiles ou corrompus, représentée par des rois faibles ou incapables. Que d'occasions, que de causes de chute ! et cependant elle a résisté à tout, elle est sortie triomphante de tous ces embarras, dont le moindre suffit aujourd'hui pour renverser tous ces pouvoirs de date nouvelle auxquels la France livre ses destinées.

C'est qu'alors, si la surface du sol monarchique était agitée et troublée, le fond restait ferme et inaccessible à toute commotion ; c'est qu'alors la notion de l'autorité, du droit du commandement, du devoir de l'obéissance, réglait les esprits même au milieu de l'emportement des passions; c'est que la société était constituée de telle sorte que ces passions trouvaient partout des barrières infranchissables. S'il n'en avait pas été ainsi, la monarchie n'eût pas résisté à tant de secousses et de périls; mais elle n'avait à craindre que *des révolutions*, et elle a pu les surmonter. Lorsqu'au contraire elle a été aux prises avec *la révolution*, un moment de faiblesse a suffi pour la perdre, parce que la révolution, s'attaquant aux fondements mêmes sur lesquels elle était assise, la monarchie s'est écroulée avec la société tout entière dans l'abîme de l'anarchie.

Faut-il donc s'étonner qu'aucun de ces pouvoirs nouveaux, posés sans racines sur un sol entièrement miné par la révolution, n'ait pu vivre un quart de siècle? La révolution en effet, par ses idées, par ses doctrines, par ses excitations, par son dogme de la souveraineté du peuple, rend les nations ingouvernables autrement que par la force, et la force n'a qu'un temps; le jour où elle faiblit, tout lui échappe; le peuple souverain lève la tête; l'idole de la veille est brisée le lendemain; s'il ne s'en présente pas d'autre, c'est l'anarchie; si un autre pouvoir s'élève, c'est encore la dictature, ou c'est une souveraineté bâtarde qu'une fausse liberté précipite bientôt, en rouvrant la fatale alternative d'une nouvelle licence ou d'un nouveau despotisme. Ce n'est jamais l'autorité, ce n'est jamais la liberté véritable, ces deux éléments fondamentaux des constitutions chrétiennes, sans lesquels rien ne peut être établi de durable, à l'union desquels la monarchie française a dû tous ses progrès, et dont l'équilibre rétabli en 89 lui eût redonné la vigueur d'une nouvelle jeunesse, si la révolution n'était pas venue tout précipiter dans l'abîme, la liberté comme l'autorité, pour faire surgir violemment à leur place deux éléments rebelles à toute conciliation, la force et la licence.

Voilà donc le résultat présent et visible à tous les yeux de la révolution, une société ingouvernable, parce que le lien qui unissait en elle l'autorité et la liberté a été rompu, c'est-à-dire une société sans foi et sans morale politique, sans courage civil et sans dignité, acceptant toute servitude, pourvu qu'elle lui donne de l'argent et des plaisirs, *panem et circenses*, et puis en un jour de délire changeant de maître pour reprendre bientôt un autre joug; une société enfin retournant à la force matérielle du paganisme, et croyant avancer dans le progrès.

Nous ne voulons pas dire que ce soit là la société tout entière en France, à Dieu ne plaise! nous calomnierions notre patrie; mais c'est la société que façonne la révolution, et qu'elle travaille à accroître chaque jour.

Tel est le grand mal qu'il faut signaler aux esprits honnêtes, mais inattentifs, qui se laissent tromper par les apparences et étourdir par le tourbillon des affaires et des plaisirs. Au jour des révolutions, ils tremblent, ils s'étonnent. Le calme revenu, ils reprennent leur sécurité, et il leur semble que rien n'est changé, que tout marche dans l'ordre, que tout prospère et qu'un nouvel orage est impossible. S'ils voyaient le travail souterrain qui s'est fait sous leurs pieds et qui se poursuit sans relâche, ils comprendraient l'avenir que leur prépare la révolution.

VII

Le résultat final de la révolution, inévitable à un temps donné, si rien ne vient l'arrêter dans sa marche, sera le communisme. La plus auguste des voix l'a proclamé naguère de bien haut. Puisse-t-elle être entendue et réveiller des assoupissements trop funestes !

Le plus grand danger de la société moderne n'est pas dans ces bouleversements que la révolution produit aux jours de ses orgies et de ses saturnales. Ils accumulent sans doute de déplorables ruines, ils causent d'irréparables malheurs, mais quelquefois aussi, comme un orage dévastateur, ils servent à purifier l'atmosphère.

Quand la France voyait la déesse Raison encensée dans ses temples, la guillotine en permanence sur ses places publiques, de farouches proconsuls imposer à la nation la liberté révolutionnaire par les incarcérations, les bannissements, les confiscations, les fusillades, les noyades, les mitraillades, partout de nobles dévouements, de courageuses immolations, des luttes héroïques dans la Vendée, de généreux sacrifices à l'honneur dans l'exil, protestaient en faveur du droit, de la justice, de la foi, de tous les principes qui forment la base de la société, et ces principes sauvés du naufrage pouvaient encore sauver la France.

En ce moment l'Italie subit à son tour les débordements du torrent révolutionnaire ; elle pourra y perdre momentanément sa sécurité, sa prospérité, sa liberté véritable ; de grands exemples d'hypocrisie, d'astuce, de violence, de trahison, de lâcheté, de brigandage et de tyrannie auront scandalisé la conscience publique ; mais de grands exemples aussi de dévouement, de fidélité, d'honneur, de courage auront relevé la cause du bien contre le mal. Et tandis qu'un vieillard la bénissait et la proclamait dans tout l'univers des hauteurs du Vatican, un enfant sur le rocher de Gaëte aura appris aux rois comment ils doivent la défendre ; et à cette voix, à cet exemple, le monde catholique s'est ému, l'épiscopat a protesté, et le droit comme la religion ont trouvé de valeureux soutiens et des martyrs. — Ainsi là, comme en France, la société ne sera qu'ébranlée, elle n'aura pas perdu ses racines.

Le vrai danger, d'autant plus redoutable qu'il

est moins apparent, est dans l'esprit de la révolution plutôt que dans ses actes; cet esprit qui, sur les ruines faites par ses fureurs, s'insinue au cœur même de la société pour y corrompre à loisir toutes les notions de droit, de justice, d'ordre, de liberté qui avaient surnagé dans la tempête. Sous le souffle de cet esprit, une civilisation toute matérialiste s'élève; plus elle est brillante et prospère, plus les caractères s'y abaissent, la conscience publique s'y oblitère, les vertus civiques s'y amollissent. De là la force à la place de l'autorité, les gendarmes et la police à la place du respect et de la morale; la soumission servile à la place de l'obéissance; de là toute l'activité individuelle appliquée à la poursuite de la fortune, le besoin fiévreux de s'enrichir par tous les moyens et rapidement, le capital dédaignant la terre, l'agiotage substitué au travail, la spéculation au commerce; de là, enfin, la vie publique étouffée par l'intérêt personnel, abandonnant le corps social pour se concentrer tout entière dans la tête.

Cette œuvre de démoralisation une fois accomplie dans les cœurs et les intelligences, une fois les mœurs publiques énervées dans un égoïste sensualisme, une fois les esprits accoutumés à n'avoir souci que des intérêts privés, et à trouver commode la main qui les dispense de s'occuper des intérêts généraux, le milieu social se trouve admirablement disposé pour les desseins de la révolution, et elle marche à leur accomplissement d'un pas assuré. Seulement elle prend un chemin détourné et change de tactique.

Tant que la révolution a affaire avec des royautés anciennes et légitimes, elle leur marchande le pouvoir, et trouve qu'elles en ont toujours trop. Elle exploite contre elles et surexcite tous les préjugés, tous les mécontentements, toutes les ambitions, toutes les passions populaires, et cherche, par tous les moyens, à leur rendre impossible le gouvernement de l'État. C'est au nom de la liberté qu'elle les bat en brèche, et elle les accuse de tyrannie si elles osent se défendre. Mais quand, après les avoir désarmées peu à peu et rendu impuissantes, elle est parvenue à leur donner le coup de grâce par la révolte populaire, quand à leur place un gouvernement nouveau s'est élevé en vertu ou sur la base de la souveraineté du peuple, fort de toute la puissance de ce principe révolutionnaire, alors le rôle de la révolution change.

Elle n'attaque plus ce gouvernement, quelque compression momentanée qu'elle ait à en subir, quelques entraves qu'il mette à ses élans et à ses explosions; elle ne demande plus la liberté, elle ne vise plus qu'à faire servir son despotisme à ses tendances, et se cache sous son manteau. La souveraineté du peuple se trouvant personnifiée en lui, elle le voit sans effroi, avec satisfaction même, absorber toutes les forces sociales, parce qu'elle espère ressaisir un jour elle-même cette souveraineté devenue, entre les mains de ce gouvernement, plus puissante contre une société désarmée et façonnée à la servitude.

C'est pourquoi, bien loin de contester à l'État son action naturelle et légitime, comme elle le faisait sous la monarchie, elle la pousse au contraire dans la voie d'une extension sans limites; plus l'État concentrera en lui les forces nationales, plus la révolution applaudira. Les lois qui l'ont armé de la centralisation administrative et du droit d'expropriation avec lesquelles il peut tout envahir, ne lui paraîtront jamais trop dures, jamais trop rigoureusement et trop souvent appliquées. Si par ces lois l'État devient le régulateur suprême de tous les intérêts; s'il absorbe toutes les existences collectives dans sa dévorante unité; si bientôt les existences privées doivent se subordonner aussi à son utilité ou à ses caprices; si nulle propriété n'est sacrée; si nulle association d'intérêts ne peut vivre sans sa permission; si les entreprises de l'industrie des citoyens finissent par tenter sa convoitise; s'il tend à tout monopoliser, routes, canaux, chemins de fer, mines, etc.; si les intérêts moraux n'échappent pas même à son action envahissante; si toute liberté l'importune, même celle de l'éducation, même celle de la charité, même celle de la religion, la révolution n'aura pas un cri en faveur du droit et de la liberté. Et c'est raison, puisque tout est au peuple souverain, et que l'État est devenu le peuple souverain de par la révolution.

Ces conséquences extrêmes de la souveraineté du peuple incarnée dans l'État et armée de la centralisation administrative et du droit d'expropriation, peuvent n'être pas aperçues; les gouvernements mêmes qui nous y conduisent peuvent n'en avoir pas conscience. On ne voit dans cette omnipotence de l'État que les rouages d'une administration perfectionnée, qu'une savante organisation qui produit de grandes et belles choses.

On ne voit pas cette absorption dont nous avons parlé de toute la vie sociale dans un mécanisme officiel, et l'affaissement de l'activité nationale qui en est la suite. On ne voit pas que lorsque l'État est tout, le citoyen n'est plus rien. On ne voit pas l'atteinte profonde portée au droit de propriété, sans lequel la terre natale cesserait d'être une patrie, par cette loi d'expropriation forcée, dont le principe — le sacrifice de l'intérêt particulier à l'intérêt général — peut être légitime, mais qui, sous un gouvernement absolu, poussée à sa dernière limite et appliquée même à des fantaisies de pur agrément sous le prétexte d'une utilité arbitrairement déclarée, peut devenir un instrument de spoliation universelle.

Sans doute, au moyen de cette loi, de grands embellissements transforment nos villes; les yeux de la foule en sont ravis; beaucoup même d'expropriés, largement indemnisés, bien loin de s'en plaindre, y trouvent un profit d'argent. Mais n'y en eût-il qu'un seul qui subisse la loi et ne l'accepte pas, qui soit dépouillé malgré lui, sans une absolue nécessité, du champ qu'ont fécondé les labeurs de ses aïeux, de la maison où il est né et où il veut mourir, sa protestation tacite accuse une violation du droit de propriété, et la violation de ce droit est une blessure profonde au cœur même de la société, que compense mal une rue mieux alignée ou élargie. Cette rue sera plus belle ; mais pour qui réfléchit, pour qui croit que la civilisation d'une nation chrétienne n'est pas seulement une police, et que dans sa vie sociale le côté moral a plus d'importance que le côté matériel, il y a lieu de se demander s'il n'y avait pas quelque chose de plus beau encore dans le moulin de Sans-Souci, ou dans cette masure qu'on a vue pendant des siècles rester debout à côté du palais de Westminster parce qu'elle n'était pas à vendre.

Nous ne voudrions pas exagérer cette considération. Nous reconnaissons que l'expropriation n'est pas une confiscation et qu'elle peut être utile et nécessaire. Mais elle ne devrait jamais être pratiquée qu'avec une extrême réserve, pour des cas rares et exceptionnels, et avec des précautions légales si grandes que l'application même de la loi fût un respectueux hommage au droit de propriété. Nous voudrions que l'État, qui doit l'appliquer, ne fût pas juge lui-même de l'utilité de l'application, qu'une autorité indépendante de l'État la prononçât librement et fît elle-même l'enquête préalable.

Nous ne voulons pas dire que tel ou tel gouvernement ait réalisé déjà ce système d'absorption de la vie sociale dans toute son étendue. Nous croyons que tout gouvernement régulier, honnête, intelligent et comprenant ses véritables intérêts, voudra toujours en répudier les conséquences les plus extrêmes. Nous constatons seulement que les gouvernements basés sur le principe révolutionnaire de la souveraineté du peuple glissent fatalement sur la pente qui y conduit, parce que ce principe est omnipotent de sa nature, et que la révolution a fait disparaître devant lui tous les foyers de libertés locales où l'action de l'État trouvait une limite. Nous ajoutons qu'ils y glissent d'autant plus rapidement qu'ils s'y laissent pousser davantage par une centralisation administrative plus puissante, et par un usage plus immodéré du droit d'expropriation.

Or quel peut être le résultat final d'une pareille tendance, si ce n'est la réalisation plus ou moins prochaine d'un véritable communisme gouvernemental; et qui ne voit que de ce communisme gouvernemental au communisme social il n'y a qu'un pas que la révolution se tient prête à franchir quand l'heure de son dernier triomphe aura sonné?

Qu'on suppose en effet l'État devenu entièrement maître de toutes les forces sociales, exploitant lui-même toute l'activité nationale, en possession de tous les éléments de la prospérité publique, armé du droit d'expropriation de toutes les industries privées, de toutes les propriétés particulières ; quelle servitude d'abord, quel abaissement de la dignité civique ! et puis, si l'État tombe, si la révolution s'en empare, quel moyen d'échapper au communisme social, qui est son dernier rêve ?

VIII

Voilà donc la perspective qu'ouvre devant nous la révolution pour un avenir d'autant plus prochain qu'il aura été moins aperçu et moins redouté, le communisme ; c'est-à-dire la barbarie, la dégradation et la décomposition de la société humaine, ou, pour l'empêcher de mourir dans l'anarchie, la nécessité fatale d'une tyrannie sans limites. Ils sont par conséquent bien aveugles les amis de la liberté qui la demandent à la révolution, et l'attendent d'elle. Ils n'obtiendront jamais que le plus abrutissant despotisme, exercé tantôt par la licence populaire, tantôt par la main d'un maître couronné.

La liberté vraie et féconde parce qu'elle est fondée sur le devoir non moins que sur le droit, durable parce qu'elle ne se sépare pas de l'autorité et s'en fait respecter en la respectant, pratique et efficace parce qu'elle ne se perd pas dans de folles théories et d'audacieuses fictions, mais se renferme et se contient dans des institutions définies et réglées, la liberté, enfin, qui ennoblit tout à la fois l'obéissance des peuples et le commandement des souverains, est fille du christianisme et ne peut s'épanouir que dans une civilisation chrétienne. La révolution la tue en en matérialisant la société moderne. Elle n'est donc pas dans la révolution, il faut la chercher ailleurs.

En étudiant l'histoire de l'ancienne monarchie française, nous y avons aperçu cette liberté, sous des formes plus ou moins développées selon les temps et les circonstances, formant toujours l'un des éléments de la constitution nationale, traversant de longs siècles d'élaboration et de progrès social, et nous nous sommes demandé si elle n'aurait pu, en s'appropriant à toutes les conditions de la société actuelle, revivre dans la monarchie moderne, pour arracher enfin la France à cette fatale alternative d'anarchie et de despotisme à laquelle la révolution semble avoir condamné ses destinées à venir.

Nous publiâmes, il y a deux ans, le résultat de cette étude dans un livre dont le titre seul résumait toute la pensée (1), auquel les principaux

---

1. *Monarchie et Liberté*, étude politique par M. le baron de Fontarèches, ancien membre du conseil général du Gard. Un volume in-8° de 400 p., 2ᵉ édit. Chez Dentu, Palais-Royal, et chez tous les principaux libraires de Paris. Prix : 3 fr.

journaux de la capitale et de la province accordèrent leur attention et leur examen, et dont le succès a pu nous faire croire que nous avions, sinon atteint complétement, du moins indiqué la solution de ce difficile problème de la politique contemporaine, l'alliance du pouvoir et de la liberté. Ce livre aurait dû suivre peut-être, au lieu de les devancer, les considérations que nous publions aujourd'hui sur le despotisme révolutionnaire. Mais dans quelque ordre qu'elles se produisent, ces deux thèses n'en font qu'une en réalité : c'est la même vérité prouvée par les contraires; ce sont deux points de vue différents aboutissant à la même perspective. Il nous paraît donc utile pour ceux qui liraient *Révolution et despotisme* sans avoir lu *Monarchie et liberté*, de donner ici dans un résumé succinct un rapide aperçu de ce dernier ouvrage.

IX

Les peuples parvenus à l'âge viril ont, comme les individus, une constitution naturelle qu'ils ne pourraient détruire radicalement que par le suicide, parce qu'elle est devenue la raison même de leur existence. Formée peu à peu par des modifications insensibles, cette constitution se plie toujours à tous les besoins nouveaux de leur vie sociale; mais elle a tellement pénétré dans leur organisme qu'elle le briserait en s'en séparant tout à fait.

La constitution naturelle de la France est monarchique. Tous les efforts tentés pour la détruire en des jours de fièvre chaude et de délire ont été vains. Le calme revenu, cette constitution s'est retrouvée plus énergique que jamais; s'il en avait été autrement, la France eût succombé dans les convulsions d'une agonie douloureuse ou dans la prostration d'un épuisement radical.

Mais toute constitution a son caractère propre, son tempérament nécessaire, avec lequel elle doit toujours fonctionner, sans lequel elle n'aurait jamais qu'une action impuissante, désordonnée, pleine de périls.

Le caractère de la monarchie française est essentiellement celui de la monarchie chrétienne, également éloigné d'un absolutisme sans frein et d'une liberté sans limites. Le fondement sur lequel il repose, c'est le *droit* à tous les degrés de l'organisation sociale, depuis le trône jusqu'à la chaumière, droit inconnu dans les civilisations païennes, droit impliquant le devoir, substituant l'autorité à la force brutale, l'obéissance à la soumission passive.

Ce caractère se révèle dans toute l'histoire de la monarchie française étudiée dans l'ensemble de ses institutions successives. On y voit le pouvoir toujours *un* dans son essence, même lorsqu'il est le plus tempéré dans son exercice, toujours arrêté par quelque barrière, même lorsqu'il est parvenu à l'apogée de sa force et de son indépendance.

Telle était l'ancienne monarchie française. — Qu'aurait dû être la monarchie nouvelle renaissant de ses cendres en 1814 après une révolution radicale qui en avait dispersé ou détruit tous les anciens éléments? Elle devait se rajeunir sans se dénaturer; elle ne devait ni altérer son principe fondamental d'unité dans le pouvoir, ni se tenir pour affranchie de tout contre-poids par la disparition des vieilles institutions qui l'avaient toujours pondérée. Tout en conservant l'esprit de sa constitution séculaire, elle devait se plier aux faits, aux situations et aux intérêts irrévocablement créés par la révolution. Tout en ressaisissant la pleine et entière souveraineté de son droit, elle devait rendre à la France ses libertés perdues, en les organisant sous une forme nouvelle en rapport tout à la fois avec ses besoins nouveaux et ses traditions anciennes.

La restauration voulut atteindre ce but, mais elle se trompa : au lieu de demander uniquement à la France, à ses traditions comme à sa situation présente, les conditions du gouvernement qu'elle avait à établir, elle emprunta à une nation étrangère des principes que toute notre histoire répudiait, et une organisation dont les éléments n'existaient pas en France. Elle créa un chambre des pairs sans aristocratie, une deuxième chambre sans communes pour origine et pour base, et les admit au partage de sa souveraineté. Le gouvernement monarchique ne fut plus *un*, mais *triple*, et de l'antagonisme qui en résulta naquit une liberté dangereuse, inconnue de nos pères, et qui laissa dans la servitude nos communes, nos provinces, tous les anciens foyers des franchises nationales, et ne fut en réalité pour la masse des Français qu'un mot, mais un de ces mots magiques et tout-puissants créés par la révolution, et au moyen desquels les esprits peuvent être emportés aux plus redoutables bouleversements. La restauration devait tôt ou tard succomber sous son œuvre. Elle tomba en effet.

La Restauration eût-elle trouvé, dans l'état présent de la société française, le moyen de reconstituer des institutions dans lesquelles pussent revivre des libertés analogues à nos anciennes franchises nationales, sans aucune diminution du pouvoir souverain, et avec une pleine et entière satisfaction des besoins et des intérêts nouvellement créés, avec un plein et entier respect de tous les principes libéraux auxquels l'ancienne monarchie, à sa dernière heure, avait rendu l'essor, et qui, après avoir traversé nos crises révolutionnaires, ont surnagé pour devenir le droit public des Français?

Ce moyen a été indiqué dans une large décentralisation administrative qui eût abandonné la libre gestion des affaires locales à des conseils électifs représentant les communes, les cantons, les départements, et représentés à leur tour dans une assemblée nationale chargée de concourir par ses votes à l'administration générale de l'État et au règlement des finances. Par là aurait été réalisée la représentation la plus complète de tous les intérêts sociaux à tous les degrés de l'organisation administrative, et ces libres institutions émanant les unes des autres, et par cette filiation successive remontant jusqu'à la source première du suffrage universel des contribuables dans la commune, se servant enfin d'appui mutuel, auraient formé un contre-poids modérateur à l'action politique du gouvernement sans la partager. Le pouvoir souverain eût conservé toute la force qu'il doit avoir pour remplir sa mission sociale ; la liberté eût reconquis la place qui doit lui appartenir dans une véritable monarchie, et cette liberté n'eût pas été une abstraction politique jetée dans l'arène des partis, mais une réalité pratique et efficace embrassant tous les droits et tous les intérêts ; on aurait eu, a-t-il été dit, la charte selon la monarchie, au lieu de la monarchie selon la charte.

Pour rendre ces idées plus saisissables par un aperçu de la pratique mis en regard de la théorie, il a été formulé ensuite un projet de loi entrant dans tous les détails de l'action administrative et gouvernementale, déterminant le cercle d'attributions indépendantes où les communes, les cantons et les départements pourraient se mouvoir, et l'ordre de représentations successives par lequel serait réalisée la représentation générale du pays.

Enfin, il a été présenté des considérations importantes tendant à donner au clergé, dans cette monarchie amie de tous les droits et de toutes les libertés, la position qui doit appartenir à un corps aussi influent sur la société, et la liberté que la religion réclame pour lui.

Tel est l'ordre d'idées qui a été suivi dans cette étude, pour prouver que l'alliance du pouvoir et de la liberté, si désirée et si nécessaire, ne pouvait se trouver dans le gouvernement parlementaire imité de la constitution anglaise, parce que ce gouvernement manquait en France d'une base solide, et qu'il fallait chercher les conditions de cette alliance dans une monarchie représentative assise sur les principes de l'ancienne constitution française appropriés à l'état actuel de la société.

A l'appui de cette thèse, les différences caractéristiques qui distinguent l'Angleterre de la France, et rendent impossibles dans celle-ci des institutions florissantes dans celle-là, ont été rapidement signalées à l'attention des hommes politiques. Ces différences sont le nœud de la question, et nous croyons devoir les indiquer ici avec plus d'étendue que les autres considérations que nous venons d'analyser.

Pourquoi l'Angleterre a-t-elle pu jusqu'à présent, sans ébranler l'équilibre de son gouvernement parlementaire, donner un libre essor à sa politique égoïste et machiavélique, en soufflant partout impunément le feu de la révolution? pourquoi a-t-elle pu encourager sur le continent toutes les révoltes contre l'autorité, provoquer ou approuver la chute des trônes légitimes, proclamer et soutenir le principe révolutionnaire de la souveraineté du peuple, le droit insurrectionnel, et rester elle-même calme, tranquille, à l'abri de la contagion qu'elle se plaît à répandre sur toutes les nations? pourquoi a-t-elle pu en même temps accorder un plein développement à cette liberté parlementaire qui partout ailleurs, ouvrant la porte à la révolution, finit par engendrer le despotisme ?

Ce n'est pas à cause de sa position insulaire, le bras de mer qui la sépare du continent n'est pas une barrière qui puisse la préserver; les idées franchissent bien d'autres distances; comme une étincelle électrique, elles arrivent presque instantanément d'un bout du monde à l'autre, tant les communications entre peuples sont promptes et faciles aujourd'hui.

Ce n'est pas non plus que dans son sein toutes les classes populaires soient si heureuses qu'il ne s'y trouve nulle aspiration à une situation meilleure, nul besoin de changement, nulle enfin de ces convoitises et de ces passions qui égarent ailleurs les masses.

Mais c'est parce qu'en Angleterre la famille, la propriété, l'Église, la démocratie même sont constitués aristocratiquement ; la famille y est permanente, elle ne se sent pas menacée dans son avenir par des lois égalitaires qui l'amoindrissent à chaque génération ; l'autorité paternelle y est entière et commande un inviolable respect ; la propriété n'est pas une marchandise passant par lambeaux de mains en mains, sans cesse pulvérisée de génération en génération, et ne donnant pour base qu'un sable mobile aux instiutions qui doivent reposer sur elle ; elle offre au contraire une existence aussi honorable qu'assurée à ceux qui l'exploitent comme à ceux qui la possèdent. — L'Église est une institution sociale prêtant à l'État un puissant appui. — L'aristocratie n'est pas une vaine distinction nobiliaire, mais un pouvoir politique fortement assis sur le sol, et exerçant partout une influence salutaire. — La démocratie enfin, organisée en corporations ou placée sous un patronage conservateur, n'est qu'un élément de liberté et non pas de désordre. — Partout l'association, la solidarité, la hiérarchie, partout aussi la liberté sans révolution.

En France, au contraire, tout est organisé au rebours de l'Angleterre. Sous l'empire de nos lois égalitaires, la famille se décompose de plus en plus chaque jour ; l'autorité paternelle s'y efface, l'esprit d'indépendance y tue le respect ; elle ne lutte contre l'insuffisance du présent et les inquiétudes de l'avenir qu'en se mutilant elle-même dans son germe. — La propriété territoriale, base de toute institution solide et permanente, se divise à l'infini chaque jour, et ne pouvant plus se soutenir elle-même, cède la place au capital. — L'Église séparée de l'État ne peut lui apporter aucune force politique, sa puissance n'est plus que pour le ciel. — L'aristocratie n'existe plus. — La démocratie envahit tout et menace tout, parce que rien ne la tempère, ne la règle et ne la dirige.

Quel moyen dans ces conditions d'y établir un gouvernement parlementaire sans ouvrir la porte à la révolution?

Ce n'est donc pas dans une imitation de la constitution anglaise, mais dans l'esprit et les traditions de la constitution nationale française qu'il fallait chercher les données du problème à résoudre, l'alliance du pouvoir et de la liberté, pour renouer la chaîne des temps et fonder sur de nouvelles bases la monarchie représentative.

Telle est la conclusion tirée de ces rapprochements dans *Monarchie et liberté*.

Par ces deux études, si nous étions parvenu à convaincre quelques sincères amis de la liberté qui la cherchent dans la révolution, qu'ils n'embrasseront jamais qu'un fantôme, et ceux qui la placent trop haut dans une monarchie bâtarde, qu'ils n'en feront jamais qu'un instrument de destruction pour retourner à la dictature par l'anarchie, nous ne regretterions pas de nous être exposé au dédain et à l'ironie des fanatiques partisans des idées révolutionnaires, qui ne verront dans *Révolution et despotisme*, comme dans *Monarchie et liberté*, que le radotage d'un esprit mécontent et malade.

Il est d'autres dédains auxquels nous nous attendons aussi, que nous ne mépriserons pas, mais auxquels nous nous résignerons encore : ce sont ceux de la foule honnête des sceptiques et des indifférents pour qui les faits sont tout et les principes rien, qui ne savent pas que les sociétés, comme l'homme individuel, *ne vivent pas seulement de pain,* qui ne voyant autour d'eux que richesses, prospérité, progrès matériel de toute sorte, ne soupçonnent pas la décadence morale recouverte par ces beaux dehors, qui croient marcher en avant avec leur siècle quand le siècle les entraîne à reculons vers le césarisme ou la barbarie, qui, emportés par le tourbillon des affaires et des plaisirs, ne veulent pas être troublés dans la confiante sécurité avec laquelle ils s'y livrent, pour qui enfin le présent est tout, le passé n'est pas même une leçon, l'avenir n'est qu'un rêve.

A ceux-là aussi des avertissements ne peuvent être que risibles partant d'une voix obscure et inconnue, et leur seraient importuns s'ils tombaient de plus haut. On est toujours mal venu quand on signale à un homme qui se croit bien portant un mal secret qui doit le tuer, mais qu'il ne voit pas, qu'il ne sent pas. La société en France est ce malade ; l'avertir peut être inutile, mais non pas inopportun.

Et si ces avertissements allaient plus loin, si l'Europe pouvait les entendre, ils auraient encore un plus grand à-propos ; car l'Europe aussi, même là où elle a échappé aux fureurs de la révolution, s'est laissé gangrener par ses idées et ses doctrines ; l'Europe aussi ne voit que les crises lointaines de tel ou tel pays, et ne sent pas la fièvre qui l'a gagnée. Ses rois, endormis dans une fausse sécurité, ou paralysés par la peur, ou retranchés dans un fol égoïsme et s'abandonnant à de déplorables rivalités en face de l'ennemi commun, ou fascinés eux-mêmes par de trompeuses apparences, ou séduits par de faux principes, ou désespérant de pouvoir lutter contre le courant qui les entraîne, voient dans une stupide indifférence tomber des trônes sans paraître se douter que chaque chute ébranle par contre-coup les leurs, acceptent les faits révolutionnaires partout où ils sont accomplis, et ne trouvant pas dans leur politique insensée une protestation sérieuse contre eux, les saluent quelquefois et les préconisent eux-mêmes pour en tirer profit.

Cependant la révolution marche toujours, enhardie par leurs aveuglements ou leurs faiblesses ; déjà elle est au cœur de leur empire par ses idées, demain elle sera à leurs frontières par ses débordements, et bientôt aux portes de leurs palais par ses révoltes. Il comprendront alors, mais il sera trop tard. — *Et nunc reges intelligete, erudimini qui judicatis terram.*

www.ingramcontent.com/pod-product-compliance
Lightning Source LLC
LaVergne TN
LVHW020953090426
835512LV00009B/1872